Emmanuel Teitey

Jakościowe badanie niwelowania różnic w jakości

Emmanuel Teitey

Jakościowe badanie niwelowania różnic w jakości

Wydawnictwo Bezkresy Wiedzy

Imprint
Any brand names and product names mentioned in this book are subject to trademark, brand or patent protection and are trademarks or registered trademarks of their respective holders. The use of brand names, product names, common names, trade names, product descriptions etc. even without a particular marking in this work is in no way to be construed to mean that such names may be regarded as unrestricted in respect of trademark and brand protection legislation and could thus be used by anyone.

Cover image: www.ingimage.com

Publisher:
Wydawnictwo Bezkresy Wiedzy
is a trademark of
International Book Market Service Ltd., member of OmniScriptum Publishing Group
17 Meldrum Street, Beau Bassin 71504, Mauritius

Printed at: see last page
ISBN: 978-620-2-44685-3

Jakościowe badanie niwelowania różnic w jakości

Autor

Dr Emmanuel Teitey jest obecnie partnerem zarządzającym/dyrektorem krajowym w Eminet Consultancy & African Research Center, a także wykładowcą pomocniczym w Instytucie Zarządzania i Administracji Publicznej w Ghanie (GIMPA), gdzie uzyskał tytuł Bsc in Administration (opcja księgowości) na Uniwersytecie w Ghanie, gdzie uzyskał tytuł magistra zarządzania polityką gospodarczą i finansów. Dr Emmanuel Teitey posiada obecnie tytuł doktora nauk finansowych na Uniwersytecie Centralnej Nikaragui w Ameryce. Oprócz kwalifikacji akademickich, dr Emmanuel Teitey posiada również kwalifikacje zawodowe w Instytucie Biegłych Ekonomistów w Ghanie oraz w Instytucie Biegłych Księgowych. Dr Emmanuel Teitey napisał dwie (2) książki na swój kredyt: Global Interest Rate Environments z naciskiem na Quantitative Easing Implication oraz Analysis of the Impact of Privatization of State-Owned Enterprises including some Articles.

Spis treści

Skrót

ILO Międzynarodowa Organizacja Pracy

FCUBEFree Obowiązkowy powszechny program kształcenia podstawowego (Universal Basic Education Program)

Organizacja Naukowo-Kulturalna UNESCO Organizacji Narodów Zjednoczonych do spraw Oświaty i Kultury

Organizacja Narodów Zjednoczonych ds. rozwoju przemysłowego Organizacji Narodów Zjednoczonych ds.

Fundusz Rozwoju Organizacji Narodów Zjednoczonych na rzecz Kobiet

UNIFEMUnited Nations Development Fund for Women

ONZ Organizacja Narodów Zjednoczonych

MDG Milenijny cel rozwoju

PKB Produkty krajowe brutto

STRESZCZENIE

Nierówność płci jest poważnym współczesnym problemem społecznym, gospodarczym i politycznym. W artykule omówiono czynniki, które prowadzą do nierówności płci między kobietami i ich męskimi odpowiednikami. W ramach badania przeanalizowano, w jaki sposób tego rodzaju czynniki mogą wpływać na nierównowagę płci.

Dane wtórne i pierwotne zostały wykorzystane do uzyskania ogólnych wyników badań. Stwierdzamy, że wpływ płci istnieje zarówno w Ghanie, jak i szerzej w Afryce, podczas gdy inne wpływy różnią się w zależności od kraju.

Ghańczycy wierzą, że mężczyźni zajmują wyższą pozycję niż kobiety i było to możliwe z powodu nierówności płci. Co więcej, w Ghanie jest tylko mniej badań na ten temat. Naukowcy powinni zbadać dalsze powody, dla których może to być kolejny etap badań nad tą pracą.

ROZDZIAŁ 1.

1.1 KONTEKST BADANIA

Dziesięć lat po oficjalnym uznaniu przez świat prawa człowieka do równości płci, kobiety w Afryce nadal pozostają w dużej mierze wykluczone z wyższych sfer władzy i biznesu. Zarabiają mniej niż ich współpracownicy płci męskiej i spotykają się z szeregiem zwyczajów, tradycji i postaw, które ograniczają ich możliwości. Czy rządy, przedsiębiorstwa i społeczność międzynarodowa przeznaczają pieniądze na rezolucje wzywające do awansu kobiet? Czy międzynarodowe budżety pomocowe, fundusze rządowe i środki sektora prywatnego są wydawane w sposób ograniczający nierówności gospodarcze, społeczne i polityczne między kobietami i mężczyznami?

Parytet gospodarczy jest jeszcze bardziej oddalony. Kobiety są bardziej skoncentrowane niż mężczyźni w pracy nieformalnej, na własne potrzeby i w zatrudnieniu "wrażliwym", czyli w samozatrudnieniu i pracy bez wynagrodzenia w przedsiębiorstwach rodzinnych. Według Międzynarodowej Organizacji Pracy (MOP) (2009), ponad 67 procent afrykańskich kobiet pracuje w rolnictwie, głównie jako drobni rolnicy produkujący na własne potrzeby. Mniej niż 1 na 5 pracujących kobiet w Afryce Subsaharyjskiej otrzymuje regularne płace lub wynagrodzenia w porównaniu z zatrudnionymi Afrykanami. Nawet dla mniejszości, która zarabia zarobki, jest mało prawdopodobne, aby płacąca praca umożliwiła ucieczkę od ubóstwa. Wzrost gospodarczy stworzył miejsca pracy dla kobiet w krajach rozwijających się i w Afryce, w pracochłonnych gałęziach przemysłu, takich jak odzież, obuwie i elektronika, a także przy wprowadzaniu do obrotu produktów przemysłowych. Ale są to również branże, w których płace i warunki pracy są notorycznie złe (MOP, 2009).

Ponadto istnieją dodatkowe przeszkody, z którymi borykają się kobiety walczące o wyjście z ubóstwa, zgodnie z sugestią Banku Światowego (2004 r.). Najnowsze badanie przedsiębiorstw wykazało, że zarówno w sektorze publicznym, jak i prywatnym, tylko 1 na 26 afrykańskich pracowników najemnych był zatrudniony na wyższych stanowiskach kierowniczych, w porównaniu z 1 na 6 mężczyzn. Ten brak możliwości w domu przyczynia się do znacznie wyższego odsetka afrykańskich kobiet z wykształceniem wyższym, prawie 28 procent, wyjeżdżających za granicę w poszukiwaniu pracy w porównaniu z 17 procentami wykształconych mężczyzn (Bank Światowy, 2004).

W programie rozwoju ONZ szacuje się między innymi, że aż 70 procent ubogich na świecie stanowią kobiety. Manuh(1988) argumentuje, że ekonomiczny pokład jest ustawiony w stosie przeciwko kobietom. Przytaczając szacunki ONZ, zauważa, że kobiety na całym świecie stanowią dwie trzecie wszystkich godzin pracy i produkują połowę żywności, ale zarabiają zaledwie 10 procent światowego dochodu i posiadają mniej niż 1 procent światowego majątku. Po pierwsze i najważniejsze, mówi, że ta luka odzwierciedla "Brak kobiet na stanowiskach kierowniczych w gospodarce". "Kobiety afrykańskie są rzadko obecne wśród wyższych urzędników w bankach centralnych lub ministerstwach finansów, planowania lub handlu. To samo można powiedzieć o reprezentacji kobiet w sektorze prywatnym (Manuh, 1988).

W swoim sprawozdaniu z grudnia 2007 r. dla Komisji ONZ w sprawie statusu kobiet w finansach na rzecz równości płci, Sekretarz Generalny Ban Ki-Moon zauważył, że 50 rządów na całym świecie, w tym kilka w Afryce, stosuje metody budżetowania pod kątem płci, aby pomóc w ustaleniu priorytetów w zakresie wydatków. Maroko ustanowiło metody budżetowania pod kątem płci jako część szerszej reformy procesu wydatkowania środków budżetowych.

Podjęto wysiłki w celu wprowadzenia etykiety cenowej dotyczącej nierówności płci. W swoim sprawozdaniu Ban szacuje, że równowartość od 0,1 do 0,3 procent produktu krajowego brutto (PKB) jest co roku tracona z powodu braku "promowania równości płci i wzmacniania pozycji kobiet". "Cel ten jest trzecim z ośmiu uzgodnionych na szczeblu międzynarodowym celów rozwojowych, znanych jako milenijne cele rozwoju (MCR). Cel ten obejmuje konkretne zobowiązanie do wyeliminowania do 2015 r. dysproporcji w zakresie edukacji ze względu na płeć. Osiągnięcie tego celu w krajach ubogich, jak wynika z szacunków zawartych w raporcie, wymagałoby zwiększenia rocznych wydatków na programy równości płci z szacowanych 8,6 mld USD w 2006 r. do prawie 24 mld USD do roku 2015. Bank Światowy szacuje koszt osiągnięcia pełnej równości gospodarczej i społecznej między płciami na 83 mld USD rocznie do 2015 r. (ONZ, 2015 r.).

W związku z powyższym, w Ghanie, chociaż istnieją istotne dowody wskazujące na to, że tradycyjnie kobiety płacą mniej, ponieważ to raczej kobiety niż mężczyźni je wykonują, prawo nie postrzega obecnie takiej różnicy jako dyskryminacji. Aby zwalczyć ten problem, działacze na rzecz równouprawnienia dążą do zlikwidowania różnicy w wynagrodzeniach między pracą kobiet i pracą mężczyzn poprzez nasilenie walki o sprawiedliwość wynagrodzeń. Celem równości wynagrodzeń jest podniesienie poziomu wynagrodzeń w zawodach, w których spośród mniejszości dominują kobiety. Podwyżki płac zostałyby osiągnięte poprzez poddanie miejsc pracy racjonalnej edukacji, która oceniłaby ich "wartość" pod względem umiejętności i odpowiedzialności samej pracy, ponieważ równość wynagrodzeń wymaga miejsc pracy o porównywalnej wartości. Rząd Ghany wprowadza również wiele działań szkoleniowych mających na celu wzmocnienie pozycji kobiet, aby pomóc im wypełnić tę lukę (ONZ, 2015).

1.2 STWIERDZENIE PROBLEMU

Ogólnie rzecz biorąc, tradycje są ważnymi determinantami udziału kobiet w gospodarce i produktywności w Ghanie. Żądanie reprodukcji spadkobierców dla linii i zwiększenia dochodów rodziny we wczesnym wieku wyciąga młode kobiety ze szkół, pozostawiając je mniej wykwalifikowanymi do formalnego zatrudnienia. Brak wykształcenia utrudnia również kobietom zrozumienie przepisów, które mają wpływ na ich działalność gospodarczą lub sposób poszukiwania informacji. Ze względu na tradycyjne praktyki dziedziczenia, kobiety rzadko posiadają formalną własność, z której mogłyby korzystać w celu uzyskania kredytu komercyjnego.

Pełny potencjał kobiet w zakresie produktywności nie może zostać zrealizowany, ponieważ zarówno od kobiet-przedsiębiorców, jak i pracowników oczekuje się wykonywania większości zadań domowych, mimo że są one odpowiedzialne za swoje przedsiębiorstwa i zatrudnienie. Połączone efekty niskiego poziomu wykształcenia oraz potrzeba zarabiania pieniędzy we wczesnym wieku w celu wspierania dochodów rodziny sprawiły, że kobiety obsadziły tylko kilka dostępnych stanowisk na formalnym rynku pracy. Brak kapitału finansowego oraz potrzeba pogodzenia pracy z życiem rodzinnym również przyczyniają się do coraz większego udziału kobiet w ghańskiej gospodarce nieformalnej.

Ponadto kobiety i dziewczęta nadal mają tendencję do spożywania pokarmów na końcu i najmniej oraz do uczenia się i zarabiania mniej. W niektórych przypadkach długotrwałe tradycje lub przekonania, często wzmacniane przez systemy prawne lub religijne, które ograniczają rolę kobiety w życiu prywatnym i publicznym, prowadzą do takich wyników. Kobietom brakuje możliwości ekonomicznych lub umiejętności i pewności siebie potrzebnych do ich realizacji. Okoliczności różnią się znacznie w zależności od kraju afrykańskiego, a w przypadku Ghany jest zbyt wiele przypadków marginalizacji i utraty potencjału.

1.3 CEL BADANIA

Zbadanie, w jaki sposób można zlikwidować nierówności między kobietami i ich odpowiednikami.

PYTANIE BADAWCZE

1) Czy wysiłki rządu, obrońców praw człowieka, obrońców praw kobiet, społeczności międzynarodowych, takich jak Międzynarodowa Organizacja Pracy (MOP), Bank Światowy, Fundusz Rozwoju ONZ na rzecz kobiet (UNIFEM), programy rozwoju ONZ, Organizacja Współpracy Gospodarczej i Rozwoju oraz Milenijne Cele Rozwoju (MCR) pomagają w niwelowaniu nierówności między kobietami i mężczyznami?

1.4 UZASADNIENIE BADANIA

Pomimo przekonujących dowodów z innych krajów rozwiniętych i rozwijających się, że równość płci może nadać dynamikę wcześniejszej gospodarce opartej na dirigisme, tylko kilka krajów Afryki Subsaharyjskiej wywarło znaczący wpływ na jej realizację.

Mimo że czas, zakres, techniki i motywacja na rzecz równości płci znacznie się różniły w poszczególnych państwach, to w Afryce, a w szczególności w Ghanie, poziom powodzenia we wdrażaniu programów na rzecz równości płci jest nie do przyjęcia.

Podczas gdy przyczyny leżące u podstaw nierówności między płciami są wspólne w skali globalnej, znaczenie i korzyści płynące z programów na rzecz równości między płciami są różnie postrzegane w różnych państwach. Wynika z tego, że każdy kraj musi zorganizować program równości płci, który dba o swój etos społeczno-gospodarczy, biznesowy i przemysłowy w celu osiągnięcia maksymalnych korzyści.

1.5 METODOLOGIA

To jest badanie jakościowe. Wykorzystał fenomenologiczne podejście. Technika doboru próby była celowa i zastosowano metodę badania opisowego. Gromadzenie danych odbywało się poprzez źródła wtórne i pierwotne. Okres, który należy rozważyć w ramach niniejszego badania, to lata 2012-2017 (5 lat). Yin (2009) opisuje studia przypadku jako empiryczne badanie współczesnego faktu, który pozwala badaczom zachować holistyczne i znaczące cechy rzeczywistych zdarzeń. Jakościowe metody badawcze są stosowane specjalnie w odpowiedzi na "jak" i "dlaczego" badane zjawisko jest osadzone w ważnych warunkach kontekstowych.

W badaniu wzięło udział 40 (40) uczestników w ośmiu kategoriach, a mianowicie: kobiety, kobiety w rządzie, kobiety w rządzie, kobiety na rynku oraz małe i średnie przedsiębiorstwa należące do kobiet, w celu uzyskania przeglądu ghańskiej przedsiębiorczości kobiet, kobiety w rządzie oraz pracy wykonywanej przez kobiety i inne, takie jak kupno i sprzedaż (marketing).

Innym aspektem było zmierzenie wpływu nierówności płci na wyniki gospodarcze. Najpierw musieliśmy obliczyć wskaźniki wydajności dla gospodarki, wykorzystując ostatnie pięć lat począwszy od 2012 roku. (W tym przypadku miała zastosowanie analiza opisująca tendencje). Badanie opierało się na ośmiu szerokich wskaźnikach wyników, w tym: 1) Kobiety w parlamencie, 2) Kobiety w Banku Ghany, 3) Poziom wykształcenia kobiet, 4) Kobiety w Ministerstwie Finansów, 5) Kobiety w małych przedsiębiorstwach, 6) Kobiety w średnich przedsiębiorstwach, 7) Kobiety w dużych przedsiębiorstwach, 8) Kobiety w rolnictwie (rolnictwo) i działacze grup fokusowych.

1.6 KRÓTKIE TŁO HISTORYCZNE

Aby zrozumieć, w jaki sposób i dlaczego kobiety z Ghany mają nierówne szanse w porównaniu z ich męskimi odpowiednikami, należy przyjrzeć się uważnie, w jaki sposób ich życie nabiera kształtu już od dzieciństwa. Ghanaian dziewczyny żyć podejmują pewne ścieżki, które mają wpływ na rodzaj życia, które prowadzą później.

Mapy Afryki i Ghany

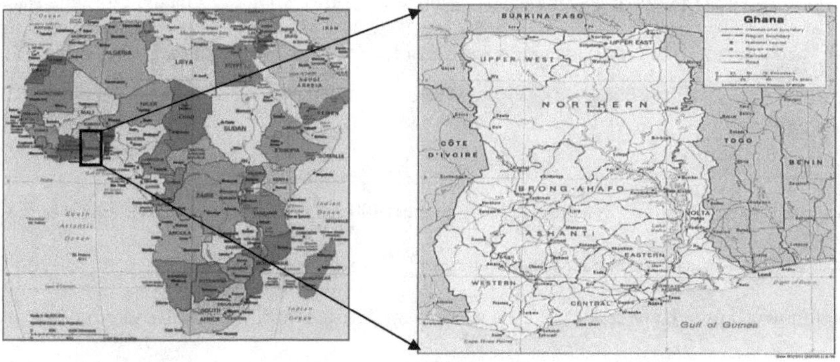

Źródło Instytut Studiów nad Bezpieczeństwem http://www.issafrica.org/.

Kiedy rodzi się dziewczyna z Ghany, będzie należeć albo do linii patrylinowej, albo matrylinowej. Linia dziewcząt określa zasady dziedziczenia i dziedziczenia w jej rodzinie, a zasady te wywodzą się z rodzimego prawa zwyczajowego. Zgodnie z prawem zwyczajowym, zarówno mężczyźni, jak i kobiety, niezależnie od pochodzenia, mają prawa w "ziemi pochodzenia", chociaż prawo to jest bardziej skomplikowane w praktyce (Kotey & Tsikata, 1998). Różne plemiona różnie definiują różne prawa spadkowe, nawet jeśli należą do tej samej linii. Tak jak kobieta należy do towarzystwa matrilinealnego, jej rodacy są jej matką i wszystkimi innymi relacjami poprzez matkę. W przypadku śmierci osoby będącej właścicielem ziemi w społeczeństwie matrilinealnym, na następcę, który przejmuje kontrolę nad majątkiem i podejmuje decyzje w jego sprawie, mianuje się członka linii tej samej płci, co zmarły. Prawdopodobieństwo odziedziczenia ziemi po kobiecie jest zerowe, jeśli urodziła się w patrylinicznym rodowodzie, ponieważ w tego typu społeczeństwie mężczyźni wyraźnie mają pierwszeństwo przed kobietami w sprawach własności. W praktyce jednak, w przypadku obu rodzajów linii, prawa kobiet do ziemi nadal obowiązują mężczyzn, którzy mają tendencję do posiadania własności, zgodnie z ideologią, że kobiety nie są rolnikami, a później ożenią się i opuszczą wspólnotę. Pozostawia to typową kobietę z Ghany, która ma słabą kontrolę nad ziemią i nie posiada żadnych właściwości pod swoją nazwą (ABANTU for Development, 2008).

Jeśli typowa Ghanaian dziewczyna urodziła się przed 1980 rokiem, są duże szanse, że nie była w stanie uczęszczać do szkoły podstawowej i średniej. Dopiero w połowie lat 80. rząd uruchomił "Wolny Obowiązkowy Uniwersalny Program Edukacji Podstawowej" (FCUBE), ukierunkowany na zwiększenie liczby uczniów szkół podstawowych w kraju. Polityka ta była odpowiedzią rządu na alarmujący spadek frekwencji w szkołach podstawowych w połowie lat 70-tych, pomimo rozwoju szkolnictwa podstawowego po uzyskaniu niepodległości w 1957 roku. Polityka ta wydaje się być skuteczna. W 2007 r. wskaźnik parytetu płci w szkolnictwie podstawowym i średnim wynosił odpowiednio 99 i 88 (UNESCO, 2015 r.).

Chociaż nie ma istotnej różnicy w odsetku chłopców i dziewcząt w wieku od 7 do 14 lat uczęszczających do szkoły w tym czasie. Tsukada & Silva (2009) zauważyli, że dziewczęta w wieku szkolnym w Ghanie mają tendencję do nieproporcjonalnie dłuższego czasu pracy przy wykonywaniu nieodpłatnych prac domowych niż chłopcy. Dziewczyny są bardziej prawdopodobne, że są robotnicami dziecięcymi i mają znacznie mniej godzin poświęconych na pracę domową i samodzielną naukę. Autorzy twierdzą, że zaniedbania w akumulacji kapitału ludzkiego dla dziewcząt w tym wieku poważnie szkodzą ich potencjałowi wyższych dochodów w późniejszym okresie oraz potencjałowi wzrostu produktywności.

ROZDZIAŁ 2

2.0 PRZEGLĄD LITERATURY

INTRODUKCJA

Powszechnie uznaje się, że mężczyźni różnią się od kobiet. Zwykle różnie reagują na różne sytuacje. Mówi się, że mężczyźni lepiej nadają się do niektórych zadań niż kobiety i odwrotnie. Dlatego też tradycyjne role płci dyktowały, że mężczyźni nadają się do takich zawodów jak polityka i nauka, podczas gdy miejsce kobiety było uważane za gospodarstwo domowe. Chociaż nie jest to do końca prawdą, to jednak w tej sprawie istnieje pewna prawda. Mężczyźni i kobiety różnią się od siebie, nie tylko fizycznie, ale także w strukturach mózgu. Podczas gdy różnica może nie być związana z każdą osobą, opisy są na ogół mniej lub bardziej prawdziwe.

Wiadomo, że mężczyźni i kobiety różnią się od siebie fizycznie. Mężczyźni są zazwyczaj wyżsi i mają więcej masy mięśniowej niż kobiety. Różnica odnosi się również do narządów rozrodczych o charakterze seksualnym; gdzie mężczyźni mają głównie wewnętrzne i niektóre zewnętrzne organy rozrodcze, wszystkie żeńskie organy rozrodcze są wewnętrzne. Ponadto, tylko kobiece ciało jest zdolne do noszenia dziecka i do porodu, oprócz karmienia dziecka mlekiem matki. Kobiety są płodne po okresie dojrzewania aż do menopauzy. Mężczyźni są płodni po okresie dojrzewania aż do śmierci. Najstarszy znany ojciec miał 92 lata (Simon, 2012).

Niniejszy artykuł opiera się na argumencie, że zmniejszanie nierówności między płciami w edukacji, zatrudnieniu i uczestnictwie w życiu politycznym zdecydowanie wskazuje na większe zaangażowanie kobiet w działalność pozadomową i ogólne dobre samopoczucie, choć to właśnie ścieżki przekładania tego zaangażowania na możliwości kobiet determinują ich pozycję wobec męskich odpowiedników (Razavi, 1990; Kabeer, 2005, 2011). Polityka publiczna w krajach rozwijających się, takich jak Indie, koncentruje się na instrumentalnym aspekcie udziału kobiet w procesach edukacyjnych i decyzyjnych.

2.1 RAMY TEORETYCZNE

Tworzenie teorii nierówności płci wynika z istnienia faktów społecznych. Podstawą analizy faktograficznej jest teoria nierówności płci; w rezultacie zaczynamy od teorii nierówności płci, analizując zarówno teorie, jak i badania empiryczne.

Jeśli chodzi o teorie nierówności płci, pierwszymi dwoma głównymi punktami widzenia są teoria funkcjonalna i teoria konfliktu w dziedzinie socjologii. Teoria funkcjonalna uważa, że mężczyźni są naturalnie przystosowani do "instrumentalnej roli" w zaspokajaniu potrzeb finansowych rodziny poprzez wyjście do pracy; rola kobiety jest w domu i wykonywaniu pracy domowej, zaspokajając emocjonalne potrzeby rodziny (Agoli, 2007).

Wraz z rozwojem społeczeństwa, ta tradycyjna koncepcja podziału pracy między mężczyznami i kobietami została skrytykowana przez feministki. Nie da się zaprzeczyć, że tradycje związane z podziałem ról płci były głęboko zakorzenione w świadomości ludzi (Agoli, 2007). Głównym argumentem teorii konfliktu jest to, że tradycyjny podział ról płci we współczesnym społeczeństwie jest nieaktualny; powodem, dla którego kobiety przyjmują te role rodzinne jest brak skutecznych metod kontroli urodzeń i że nie ma technik zastępowania siły fizycznej mężczyzny.

Jednakże, podczas gdy ograniczenia ekonomiczne i techniczne, które utrudniają kobietom pełny dostęp do rynku pracy, są stopniowo eliminowane, pojawiła się możliwość większych zmian w rolach kobiet (Ann,Black,Johnson&Lyketsos. , 1987). Teoria funkcjonalna reprezentuje tradycyjne uprzedzenia związane z płcią; teoria konfliktu podejmuje zdecydowane kroki w kierunku równości płci. Późniejsze feministki rozwinęły perspektywę równości płci na podstawie teorii konfliktu; postrzegają równość płci jako równość między mężczyznami i kobietami w oparciu o przesłankę uznania wyjątkowości jednostki.

Ponownie, równość nie polega na tym, że kobiety wchodzą na arenę mężczyzn lub wykorzystują standardy męskie do mierzenia *praw kobiet i wyzwolenia kobiet, ale na tym, że wykorzystują standardy kobiece do osądzania i odmawiają bycia* wasalem *męskim* lub rodzinnym (Tsukada &Silva, 2009). Obejmuje to uznanie przez kobiety ich własnej sytuacji ekonomicznej i statusu społecznego (Kathleen & Hargens, 1975). Ponadto feministki kwestionują również tradycyjny patriarchat dotyczący statusu kobiety w domu i w pracy. Sprzeciwiają się stereotypom związanym z płcią: "mężczyźni wychodzą, a kobiety pozostają w domu" i przeciwstawiają się ekstremalnej presji kobiet na pracę domową, ponieważ jest to wykorzystywanie kobiet przez patriarchat w kontekście rodzinnego trybu produkcji (Christina, 1977, 1984).

Kiedy kobiety wychodzą z domu i dostają się do miejsca pracy, "segregacja płciowa" (Edward, 1968) utrudnia im wejście do ważnych, zdominowanych przez mężczyzn branż lub miejsc pracy. Traktowanie mężczyzn było znacznie lepsze niż kobiet, zwiększając tym samym nierówność ekonomiczną i społeczną między kobietami i mężczyznami, a skład płciowy zawodów stał się podstawą nierównomiernego podziału wielu zasobów społecznych. W szczególności perspektywa "drzwi obrotowych" i "szklanego sufitu" może dokładnie interpretować niesprawiedliwe traktowanie kobiet w miejscu pracy. Jerry Jacobs stwierdził, że segregacja ze względu na płeć spowodowała, że wskaźnik całkowitego obrotu kobiet znacznie przewyższał koszt netto ich ogólnych możliwości zawodowych. Innymi słowy, jest to jak drzwi obrotowe, jeśli do drzwi wchodzi 10 kobiet, to dziewięć z nich zostanie wysłanych (Jerry, 1989).

"Drzwi obrotowe" rozwijają nierówność płci z perspektywy makro, "Szklany sufit" jest przezroczystą barierą, która sprawia, że kobiety (ponieważ są kobietami) w firmie nie mogą być awansowane na określony poziom (Ann, et al. , 1987).

2.2 LITERATURA EMPIRYCZNA

Większość badań empirycznych nad (nie)równością płci przeprowadzono na poziomie globalnym, co oznacza, że wiedza, którą wygenerowały, opiera się na doświadczeniach zarówno krajów rozwiniętych, jak i rozwijających się. Ogólnie rzecz biorąc, można stwierdzić, że z badań zasadniczo wynika, że rola kobiet jest kluczowa dla rozwoju gospodarczego i że zasoby powinny być wykorzystywane w taki sposób, aby wyeliminować istniejącą nierówność. Przykładem tego są milenijne cele rozwoju. Cztery z ośmiu celów, które zostały ustanowione w celu zmniejszenia ubóstwa, są bezpośrednio związane z kobietami, np. większa równość płci i prawo wszystkich (w tym dziewcząt) do edukacji. Podnoszenie poziomu wykształcenia kobiet miało również istotny wpływ na płodność i umieralność dzieci, a tym samym na średnią długość życia w danym kraju. Badanie Kabeer(2011) pokazało również, że "promowanie równości płci w edukacji i zatrudnieniu może być jedną z niewielu polityk, które zostały określone jako strategie "win-win".

We wcześniejszym badaniu Mary (1995) autorzy starali się wyjaśnić poziom PKB na mieszkańca na podstawie wskaźników aktywności edukacyjnej kobiet i luki edukacyjnej między płciami. Ich wyniki pokazały, że nie tylko poziom wykształcenia kobiet miał wyraźnie pozytywny wpływ na PKB, ale także, że duże różnice w wykształceniu między płciami miały negatywny wpływ na PKB. Różnice w *kapitale społecznym* (głos i uczestnictwo w życiu politycznym) również wpłynęły na wzrost gospodarczy. Kapitał społeczny oznacza tu społeczne i polityczne zaangażowanie jednostki poza domem/rodziną. W niektórych krajach różnice między płciami są bardzo duże, np. w krajach, w których nie obowiązuje prawo wyborcze dla kobiet i/lub w których mężczyźni całkowicie dominują w życiu publicznym. Może to mieć bezpośredni wpływ na wzrost gospodarczy ze względu na szereg czynników, w tym korupcję (John,Robert &Wright,1995).

Badania wykazały, że ponieważ kobiety są mniej skorumpowane niż mężczyźni, istnieje znaczne ryzyko, że instytucje będą funkcjonować mniej skutecznie i że inwestycje będą mniejsze, dopóki kobiety nie będą obecne na arenie politycznej. Podsumowując i upraszczając wyniki dotychczasowych badań empirycznych, można powiedzieć, że w większym lub mniejszym stopniu większa lub mniejsza równość płci realizowana za pomocą takich środków, jak zwiększony udział kobiet w edukacji, życiu zawodowym i politycznym oraz poprzez otwarcie większej liczby zawodów dla kobiet, wchodzi w interakcje z poziomem PKB (per capita). Korelacja jest dwojaka: Większa równość kobiet i mężczyzn jest istotnym czynnikiem w dążeniu do zmian w krajach rozwijających się, podczas gdy wyższy poziom PKB może również skutkować rozwojem społecznym w dążeniu do zmian w krajach rozwijających się, a także równością płci w różnych obszarach (Kabeer,2011).

Różnorodność etniczna, kulturowa i agroekologiczna Ghany sprawia, że uogólnienie relacji między płciami i ich konsekwencji dla dostępu kobiet do zasobów, podejmowania decyzji i statusu jest niezwykle trudne. Rozbieżność doświadczeń została jeszcze bardziej pogłębiona przez zniekształcony regionalnie rozwój historyczny i tendencyjne polityki rozwojowe. W szczególności trzy regiony północne znajdują się w niekorzystnej sytuacji ze względu na połączone skutki trudnych warunków rolno-klimatycznych, niską wydajność na mieszkańca, ograniczone możliwości poza rolnictwem na małą skalę, mniejszą urbanizację i świadczenie usług. W połączeniu z silnie patriarchalnymi strukturami rodzinnymi, brakiem wpływu kobiet na proces decyzyjny oraz historią migracji mężczyzn, która zazwyczaj zwiększała obciążenie kobiet pracą, doprowadziła do bardziej ograniczonych możliwości kobiet z północy. Jednakże zróżnicowanie społeczno-gospodarcze jest również widoczne w lepiej prosperujących regionach południowych. W północnych społecznościach migrantów w południowej Ghanie nierówne relacje między płciami, charakterystyczne dla społeczności północnych, mogą być jeszcze bardziej pogłębione przez ogólny brak korzystania z szerszych systemów wsparcia. Inne zmienne, takie jak wiek i wykształcenie, różnicują doświadczenia kobiet (Cathy,Otoo-Oyortey,Peagood&Sally, 1994., 1994).

W sektorze rolnym większość kobiet to producenci żywności. W 1970 r. 70 procent kobiet prowadziło głównie produkcję żywności, w porównaniu z 50 procentami rolników (Cathy et al, 1994). Charakter zaangażowania kobiet w produkcję żywności różni się również od zaangażowania mężczyzn pod względem podziału pracy i końcowego wykorzystania produkcji, przy czym mężczyźni produkują więcej na potrzeby rynku. Tam, gdzie kobiety prowadzą oddzielne gospodarstwa rolne, uprawiają mniejsze działki niż mężczyźni. Wzrasta znaczenie kobiet w rolnictwie. Odpływ mężczyzn na obszary miejskie i do krajów sąsiednich w latach kryzysu gospodarczego w latach 80., z wyjątkiem szczególnych doświadczeń z 1983 r., prawdopodobnie wymagał od kobiet, które pozostawały w tyle, aby zwiększyć swój wkład w rolnictwo w celu naprawienia utraty pracy mężczyzn (Cathy i in., 1994).

Ogólnie rzecz biorąc, kobiety rolnicy mogą tracić dostęp do siły roboczej w gospodarstwie domowym i gminie oraz być zmuszone wydawać więcej środków na zakup siły roboczej, kosztem nowoczesnych nakładów produkcyjnych. Proces ten zachodzi jednocześnie, gdy kobiety w niektórych regionach muszą poświęcać więcej czasu na pracę w gospodarstwach rodzinnych lub mężów. Wzrost dostosowywanych stawek płac na obszarach wiejskich stwarza zachęty dla tradycyjnych producentów technologii do intensyfikacji pracy rodzinnej, a nie zatrudniania pracowników. W porównaniu z mężczyznami, kobiety na ogół mają ograniczony dostęp do formalnych kredytów. Ponadto usługi w zakresie upowszechniania wiedzy w Ghanie są skierowane do większych, komercyjnych rolników. Te, które były skierowane do kobiet, zostały poddane gettom i były stronnicze pod względem treści, do niedawna koncentrując się głównie na działaniach związanych z odżywianiem i zdrowiem.

ROZDZIAŁ TRZECI I CZWARTY

ANALIZA EMPIRYCZNA

3.0 INTRODUKCJA

W niniejszym rozdziale omówiono metodologię wykorzystywaną przy realizacji niniejszego opracowania badawczego. W ten sposób zniwelowano nierówności w Ghanie. Wskaźniki zostały oszacowane w postaci wartości procentowych, natomiast w analizie wykorzystano analizy jakościowe i analizy trendów. Omówiono zakres badania, instrument badań projektowych i źródła danych.

3.1 PROJEKT BADAWCZY

Opracowanie badań opisowych i szacunkowa analiza procentowa zostały wykorzystane do zbadania luki w zakresie nierówności zidentyfikowanej wśród kobiet i ich męskich odpowiedników w Ghanie. Na potrzeby analizy wykorzystano osiem różnych szacunkowych wskaźników procentowych i jakościowo opisowych statystyk w celu przeanalizowania nierówności zidentyfikowanych w Ghanie (analiza trendów ma zastosowanie).

3.2 INSTRUMENT GROMADZENIA DANYCH

Jedną z głównych metod zbierania danych były ustrukturyzowane wywiady osobiste i kwestionariusze. Do analizy nierówności zidentyfikowanych w Afryce wykorzystano Ghanę. Przeprowadzono czterdzieści (40) ankiet i wywiady z dwudziestoma (20) kobietami, w tym z małymi i średnimi przedsiębiorstwami prowadzonymi przez kobiety. W analizie wykorzystano statystyki opisujące tendencje i statystyki jakościowe.

3.3 DANE GOTOWANIE DANYCH

W ramach badań uzyskano zarówno dane pierwotne, jak i wtórne z badania przypadku w Ghanie. Dane pierwotne miały formę wywiadów i kwestionariuszy dotyczących kobiet, w tym kobiet w małych i średnich przedsiębiorstwach oraz próby reprezentatywnej dla ogółu społeczeństwa. Dane wtórne miały postać dokumentów uzyskanych z literatury, czasopism, przeglądu innych prac badawczych i źródeł internetowych. Do analizy danych w formie analizy trendu użyto szacunkowego procentu oraz jakościowej analizy opisowej.

3.4 DANE ANALIZA ANALIZA DANYCH

W badaniach wykorzystano jakościowe metody analizy danych, szacunkowy procent (wskaźniki) i analizę trendu w celu ustalenia luki nierówności zidentyfikowanej w Ghanie. Analiza trendów odnosi się do jednego okresu wydajności w porównaniu z innym okresem wydajności. Stwierdzona luka w zakresie nierówności została porównana w okresie 5 lat 2012-2017 wśród kobiet i ich męskich odpowiedników.

4.0 WYNIKI BADAŃ

W niniejszym rozdziale przeanalizowano wyniki badań pierwotnych i wtórnych przeprowadzonych w ramach niniejszego opracowania w odniesieniu do celów i zadań badania, w tym liczby podsumowujące wyniki badań.

4.1 FINDINGS

TRADYCJA I WIARA

Ogółem przeprowadzono 40 ankiet i przeprowadzono wywiady z 20 osobami spośród ogółu społeczeństwa. Ogólnie rzecz biorąc, odsetek respondentów wynosił około 90% i jest uważany za bardzo dobry. Wskaźnik braku odpowiedzi w wysokości 10% wynikał z braku czasu po stronie potencjalnych respondentów, którzy chcieliby wziąć udział w badaniu. Ograniczenia czasowe nie pozwalały na wstrzymanie badań do czasu, gdy wyniki były gotowe do przeprowadzenia analizy.

Podsumowanie wyników badania wykazało, że w XXI wieku, niektórzy nadal utrzymują przekonanie, że kobiety powinny być opiekunami rodziny i jako takie nie powinny otrzymywać niezbędnego wykształcenia, ale raczej powinny prowadzić gospodarstwo rolne lub udać się na rynek i pracować, aby uzupełnić dochody rodziny. Badanie ujawniło również, że oprócz pozbawienia ich możliwości kształcenia i szkolenia, przekonania te przygotowywały również kobiety do wczesnego zawarcia małżeństwa z mężczyznami, których nie zawarłyby w rzeczywistości, zwłaszcza w północnym regionie Ghany.

Analizowane dane wtórne ujawniły również, że kobiety z Ghany znajdują się skutecznie pod kontrolą lub władzą mężczyzn (początkowo ich ojciec lub inni członkowie rodziny, a później mężowie) przez większość życia, chociaż z wiekiem mogą zyskać status i wpływy. W grupach matrilinealnych (np. Akan), abusuapanyina (zazwyczaj wujek macierzyński) zachowuje znaczny wpływ na kobietę nawet po ślubie (Bortei-Doku, 2002). Wśród grup patrylinów, po zawarciu małżeństwa, wpływ rodziny narodowej jest bardziej ograniczony. Tak więc udział kobiet w podejmowaniu decyzji w gospodarstwie domowym i poza nim jest ograniczany przez te wpływy.

Tradycyjne systemy władzy politycznej były i pozostają w dużej mierze zdominowane przez mężczyzn, a w takim samym stopniu, w jakim kobiety sprawują władzę polityczną lub uczestniczą w procesach politycznych poprzez tradycyjne ramy, w dużej mierze znajdują się one w równoległych strukturach zajmujących się sprawami kobiet. Udział kobiet w podejmowaniu decyzji publicznych wydaje się być szczególnie ograniczony w społecznościach północnych (Bortei-Doku, 2002).

ROLNICTWO (ROLNICTWO NA WŁASNE POTRZEBY)

Jak wynika z przeglądu literatury, kobiety w Afryce i w tej sprawie Ghana, zaangażowane głównie w rolnictwo na własne potrzeby jako producenci żywności, a ich badanie wykazało, że w 1990 r. 70 procent kobiet prowadziło główną działalność związaną z produkcją żywności, w porównaniu z 50 procentami rolników.

Wyniki badania pokazują również, że 80 procent kobiet w Ghanie zajmuje się głównie produkcją rolną na własne potrzeby jako producenci żywności, a nie w celach marketingowych, w porównaniu z 20 procentami mężczyzn, którzy produkują na rynek.

Wyniki można również przedstawić na poniższym schemacie (zaangażowanie kobiet w rolnictwo)

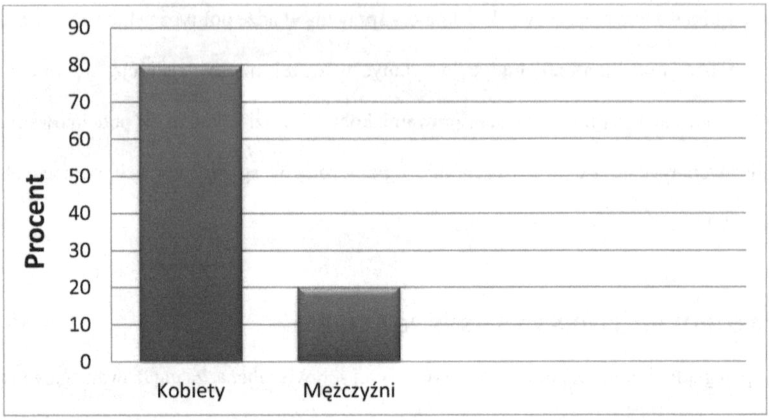

Rysunek 1: Zaangażowanie kobiet w rolnictwo.

Charakter kobiet zaangażowanych w produkcję żywności różni się również od mężczyzn pod względem podziału pracy i końcowego wykorzystania produkcji, przy czym mężczyźni produkują głównie na rynek.

Analizowane dane wtórne ujawniły, że na obszarach leśnych kobiety zajmują się produkcją wszystkich głównych zszywek, takich jak kukurydza, ignam i maniok; kobiety rzadziej wprowadzają na rynek to, co rosną z tych produktów. Z drugiej strony, kobiety zarówno uprawiają, jak i sprzedają stosunkowo wysoki odsetek orzeszków ziemnych i produktów roślinnych (Cathy et al, 1994). W strefie sawanny, w przeciwieństwie do tego, istnieje bardziej sztywna specjalizacja płci w zakresie własności upraw. Kobiety są tu ograniczone do uprawy orzechów ziemnych, ryżu, roślin strączkowych i warzyw, podczas gdy zszywki, takie jak proso, kukurydza i ignam, są uznawane za uprawy męskie.

Ogólne wysokie koszty transportu i częste braki pojazdów, wraz z ograniczoną podażą walut obcych na zakup części zamiennych, przyczyniają się do słabej infrastruktury marketingowej w większości obszarów wiejskich (Sarris & Shams, 1991). W całej Ghanie transportowanie produktów z gospodarstw rolnych na rynek odbywa się głównie za pomocą załadunku głowy przez kobiety i dzieci. Jest to potencjalnie szkodliwe dla ich zdrowia, a także niezwykle czasochłonne.

EDUKACJA

Wyniki badania wykazały, że udział kobiet w edukacji jest niski w porównaniu z mężczyznami. Prawie wszyscy respondenci podpisali średni wskaźnik udziału mężczyzn w edukacji na poziomie 65-75 procent w porównaniu z kobietami, który waha się odpowiednio od 35 procent do 40 procent.

Wyniki badania sugerują, że różnica między płciami, choć zmniejszona, nadal istnieje. Najważniejszymi przyczynami braku obecności są niezdolność rodziców do wspierania edukacji swoich dzieci. Oznacza to większą gotowość rodziców do dalszego inwestowania w kształcenie chłopców w stosunku do dziewcząt, co może wynikać z wyższych postrzeganych nagród. Można to przedstawić graficznie w następujący sposób:

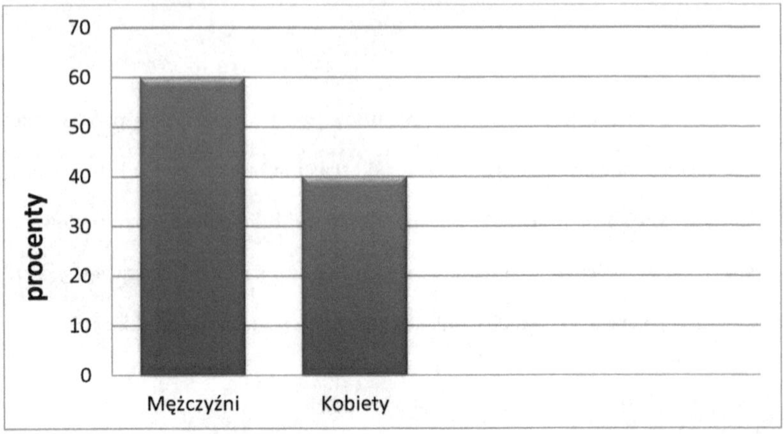

Rysunek 2: Poziomy systemów edukacyjnych.

Zrewidowane dane wtórne pokazały, że od uzyskania niepodległości do 1980 r., formalna oferta edukacyjna w Ghanie znacznie wzrosła (zob. tabela 1). Jednak korzyści z tej ekspansji rozkładały się nierównomiernie pod względem położenia geograficznego i płci. Różnice między płciami w zapisach nieznacznie się zmniejszyły, ale utrzymywały się szczególnie na wyższych poziomach. Wskaźnik rezygnacji dla dziewcząt również był wyższy niż dla chłopców. Ponadto w programie nauczania i w strukturze szkolnictwa ponadpodstawowego występowały uprzedzenia związane z płcią. Wskaźnik umiejętności czytania i pisania jest znacznie niższy dla kobiet niż dla mężczyzn.

Tabela 1: Roczne zapisy do szkół według płci: 1960 i 1970

Odsetek uczniów zapisanych do szkół w wieku 6-14 lat

Rok	**Ogółem**	**Mężczyźni**	**Kobieta**
1960	80	50	30
1970	116	63	53

Źródło **Bortei-Doku, 1990: powołując się na spis ludności Ghany z 1960 r., 1970 r.**

WYKUPACJA

W podsumowaniu wyników badania wyjaśniono, że nierówności między kobietami, choć zmniejszone, nadal istnieją. Około 95% ankietowanych wskazało, że udział kobiet w biznesie pod względem formalnym i na dużą skalę jest nadal niski w porównaniu z ich męskimi odpowiednikami. Kobiety te angażują się raczej w działania na małą skalę i działania marketingowe.

Wskaźnik udziału kobiet w małych i marketingowych działaniach wynosi odpowiednio 55 procent i 80 procent, podczas gdy udział mężczyzn wynosi 45 procent i 30 procent w małej skali i udziale w rynku. Ogólną wydajność można zobaczyć na poniższym schemacie:

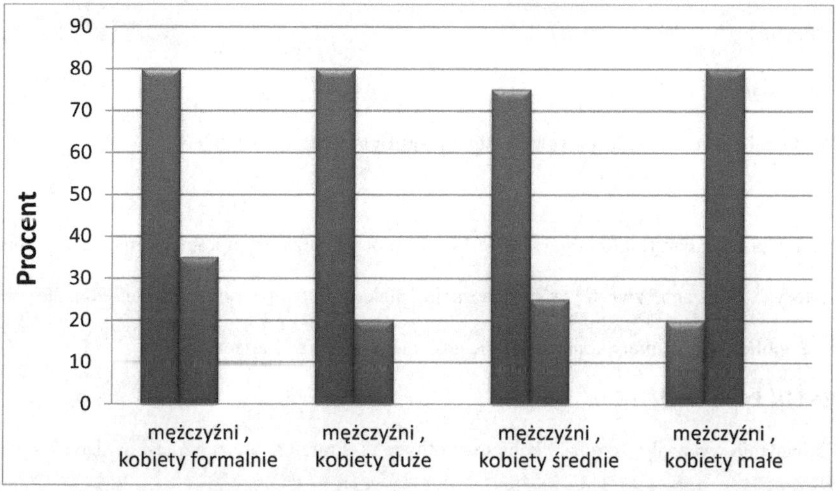

Rysunek 3: Udział kobiet w zawodach.

W analizowanych danych wtórnych zatrudnienie płacowe stanowiło w 1984 r. zaledwie 16 proc. całkowitego zatrudnienia, z czego około 60 proc. przypadało na sektor publiczny. Kobiety są bardzo słabo reprezentowane w sektorze formalnym, obejmującym tylko jedną czwartą pracowników najemnych (Manuh, 1988). Tabela 2 pokazuje, że w 1988 r. 8 procent kobiet w porównaniu z 27 procentami mężczyzn było zatrudnionych w sektorze publicznym lub prywatnym.

Tabela 2: Procentowy podział mężczyzn i kobiet według statusu zatrudnienia, 1988 r.

Status zatrudnienia	**Mężczyzna %**	**Kobieta %**	**Kobieta**	**%**
Usługi publiczne/ Tablice ogłoszeń	14	4		
Przedsiębiorstwa prywatne	13		4	
Osoba pracująca na własny rachunek		71		91
Inne (bezrobotni) 2	1			

Źródło **Bortei-Doku, 1990:78 powołując się na Nautiyal i Pandit, 1990:116**

W sektorze publicznym jest to odpowiednio 14 i 13 procent, przy czym kobiety pracują głównie w niektórych branżach, zwłaszcza w nauczaniu, pielęgniarstwie i położnictwie. Ponadto, w sektorze publicznym, kobiety koncentrują się głównie w niższych klasach.

KWESTIE POLITYCZNE

Wyniki badania wykazały, że udział kobiet w polityce i sektorze publicznym jest bardzo niski w porównaniu z ich męskimi odpowiednikami. Dziewięćdziesiąt pięć (95) procent ankietowanych z tego badania podpisało średni wskaźnik 90 do 95 procent, wskazujący odpowiednio na udział mężczyzn w polityce i w sektorze publicznym, w porównaniu ze wskaźnikiem udziału kobiet w polityce i w sektorze publicznym wynoszącym od 5 do 15 procent. Przedstawiono to w następujący sposób:

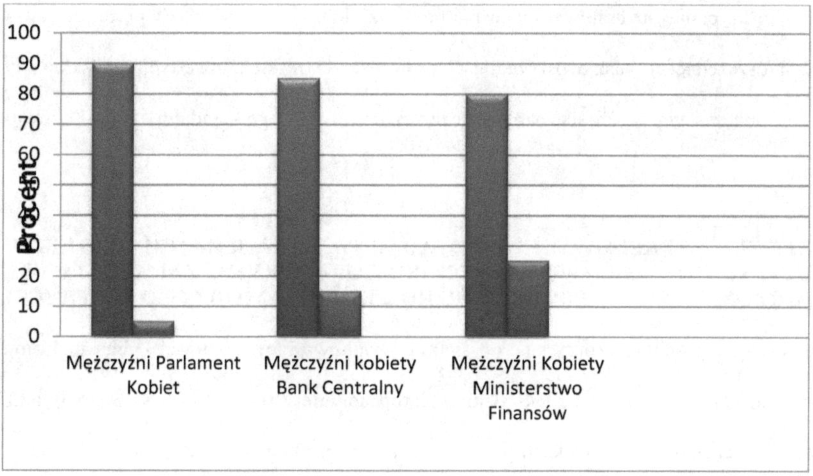

Rysunek 4: Udział kobiet w polityce i sektorach publicznych

Weryfikowane dane wtórne wyjaśniły, że w rządach, które nie są niezależne, kobiety są również niedostatecznie reprezentowane na wszystkich szczeblach. Ostatnie ćwiczenia w zakresie decentralizacji oraz ustanowienie nowej wielopartyjnej konstytucji i wyborów powszechnych stwarzają kobietom możliwość aktywniejszego uczestnictwa w formalnym procesie politycznym, ale nie ma jeszcze zbyt wielu dowodów na to, że tak się stało. Liczba przedstawicieli kobiet na szczeblu lokalnym prawdopodobnie znacznie wzrosła, z bardzo niskiego poziomu. Jednakże wzmocnienie sojuszy pomiędzy interesami handlowymi i tradycyjnymi władzami na poziomie powiatu, poprzez proces decentralizacji, może działać ze szkodą dla kobiet w takim stopniu, w jakim władze powiatu są w stanie wywierać większy wpływ na procesy polityczne, prawne i alokacji zasobów na poziomie lokalnym, co może prowadzić do erozji korzyści osiąganych na poziomie krajowym.

POZIOM ŻYCIA

Biorąc pod uwagę wyniki badania, które ocenił respondent, pomiar poziomu życia kobiet z Ghany był bardzo niski, ponieważ brak wykształcenia prowadzi do niskich płac; niskie płace prowadzą do niskich oszczędności; niskie oszczędności prowadzą do niskich inwestycji i niskiej siły nabywczej, podczas gdy niska siła nabywcza prowadzi do niskiego standardu życia i ostrego ubóstwa.

WYNIKI PRAC TERENOWYCH PROWADZONYCH W RAMACH PROJEKTU "WŁĄCZENIE DO ŚRODOWISKA MIEJSKIEGO - AFRYKA ZACHODNIA" SĄ OGRANICZONE. (PRZEDSIĘBIORCZOŚĆ KOBIET I PRZYWÓDZTWO W AFRYCE)

Opisy jakościowe zostały wykorzystane do analizy wyników pracy terenowej Urban Inclusion (2014) pracującej w Ghanie z CEIBS (Chine European International Business School) oraz Women Entrepreneurship and Leadership for Africa, które zostały przeanalizowane w niniejszym opracowaniu badawczym. Oprócz badań podstawowych, wyniki te można podzielić na trzy grupy; a) wyzwania w środowisku biznesowym, b) wyzwania kulturowe i tradycyjne oraz c) wyzwania organizacyjne i wewnętrzne.

WYZWANIA W ŚRODOWISKU BIZNESOWYM

Potwierdzenie

Kobiety, które na co dzień robią interesy, napotykają przede wszystkim na wiele trudności. Istnieją endemiczne problemy związane z tym, jak kobiety w biznesie są uznawane przez mężczyzn, którzy robią z nimi interesy. Na przykład, gdy kobiety przedstawiały się jako kobiety w biznesie, często pytano je, gdzie są ich mężowie lub partnerzy biznesowi.

Brak odpowiedniego wsparcia biznesowego i szkoleń na wysokim szczeblu, uwzględniających problematykę płci.

W Ghanie dostępnych jest niewiele inicjatyw wspierających rozwój biznesu i szkolenia przygotowujące kobiety i przygotowujące je do wyzwań XXI wieku, mimo że tam, gdzie takie obiekty lub usługi istnieją, przystępność cenowa staje się problemem. Kobietom na ogół brakuje środków finansowych potrzebnych do odbycia szkolenia. Mentoring i coaching są również ograniczone i są jednym z niewielu przepisów, które należy udostępnić kobietom, aby pomóc im w przezwyciężeniu nierówności.

Dostęp do finansowania

Problemem jest również dostęp do kredytów komercyjnych w Ghanie w celu finansowania średnich przedsiębiorstw. Mimo że działa wiele instytucji mikrofinansowych, nie mogą one finansować średnich i dużych przedsiębiorstw. Kobiety w biznesie nie są zwolnione z tych wyzwań związanych z finansowaniem kredytu. W związku z tym często walczą o dostęp do kredytów na dalszy rozwój i szkolenia. Ponadto wszelkie dostępne fundusze na rozwój zawodowy i szkolenia od międzynarodowych darczyńców są często niewłaściwie kierowane w celu rozwoju różnych sektorów gospodarki, takich jak inicjatywy w zakresie rolnictwa na własne potrzeby oraz wsparcie dla kobiet na rynku, co utrudnia zniwelowanie nierówności między kobietami prowadzącymi MŚP lub tymi, które mają ambicje prowadzenia MŚP.

Brak narażenia

W Ghanie wielu kobietom-przedsiębiorcom trudno jest rozwijać działalność gospodarczą, ponieważ brakuje im niezbędnego zaufania i zaangażowania niezbędnego do działania na szczeblu krajowym i międzynarodowym. Potrzebujemy tu ekspozycji w postaci konferencji, szkoleń, seminariów, warsztatów, coachingu i mentoringu; na przykład, ghańskich przedsiębiorców, którzy mogą studiować i poznawać inne modele biznesowe i style zarządzania.

Zaufanie i seks-eksploatacja

Prowadzenie działalności gospodarczej i przyciąganie kredytów komercyjnych idzie w parze z zaufaniem i zdolnością kredytową. W Ghanie występują istotne problemy związane z zaufaniem, w tym sytuacje, w których doradcy są oskarżani o kradzież pomysłów ludzi, a także problemy z przestrzeganiem warunków umów i pożyczek. Kobiety w biznesie lub przedsiębiorcy są często wykorzystywane seksualnie przed udzieleniem lub w zamian za pomoc w zakresie finansowania działalności gospodarczej lub umów.

Brak sieci współpracy kobiet w biznesie

Zebrane wyniki prac terenowych wskazują, że w Ghanie wiele kobiet-przedsiębiorców pracuje w izolacji i z zadowoleniem przyjęłoby szereg forów, w tym fora lokalne, międzypaństwowe, międzynarodowe sieci i fora mediów społecznościowych, dzięki którym mogłyby one uzyskać porady i wsparcie ze strony społeczności doświadczonych kobiet-przedsiębiorców i liderów.

WYZWANIA KULTUROWE I TRADYCYJNE

Rola kobiet jest w dużym stopniu podważana w społeczeństwie, a role kobiet są zazwyczaj związane z zachowaniem tradycyjnych ról w gospodarstwie domowym. Utrudnia to rozwój kobiet w sensie ogólnym, jeśli chodzi o ich nieuznawalny wkład w rozwój kraju i role kierownicze jako przedsiębiorców. Wyniki kobiet-przedsiębiorców są w równym stopniu uzależnione od tego, że zazwyczaj muszą one pełnić podwójną rolę jako przedsiębiorcy i opiekunki swoich rodzin.

\WYZWANIA ORGANIZACYJNE I WEWNĘTRZNE

Ludzie i pracownicy walczą, by szanować kobiety jako swoich szefów. Oznacza to, że kobiety są często zmuszane do przyjęcia bardzo asertywnego, a nawet agresywnego podejścia do zarządzania personelem, zwłaszcza personelem płci męskiej. To z kolei może być problematyczne, w tym reakcje antyagresywne, próby podważenia i niewysłuchania, postrzegane jako mające bardzo męskie cechy, co może prowadzić do większych konfliktów, a nawet wyzwań fizycznych i seksualnych.

Kolejnym wyzwaniem jest ***brak odpowiednich szkoleń dla pracowników***, które uwzględniałyby kwestie związane z płcią i przywództwem oraz pomagały w rozwijaniu zrozumienia pracowników i zespołów zarządzających, które uwzględniałyby równość szans.

Koncentracja/ukierunkowanie szkoleń, rozwoju i wsparcia na kobiety: w Ghanie nie ma wystarczającej liczby wysokiej jakości doradców biznesowych, mentorów i coachów, aby wspierać większy udział w głównych programach.

Brak odpowiednich rozwiązań biznesowych dla kobiet; wiąże się to z dwoma punktami kulistymi wokół punktów podniesionych powyżej. Trening.

ROZDZIAŁ 5

5.0 DYSKUSJA I WNIOSKI

Niniejszy rozdział stanowi podsumowanie tego badania. Cele badania, jak również to, co zostało omówione w literaturze (rozdział drugi), zostaną omówione w odniesieniu do przeprowadzonych badań wtórnych i pierwotnych.

W rozdziale zostaną przedstawione wnioski oparte na analizie, informacjach i wynikach, które rozwinęły się w trakcie badania. Na końcu znajdują się również zalecenia wraz z propozycją obszarów, które będą wymagały dalszego rozwoju i uwagi.

W ramach tego badania zbadano różnice w zakresie nierówności między kobietami w Ghanie i ich męskimi odpowiednikami. Stosowane wskaźniki to tradycyjne przekonania, rolnictwo (rolnictwo na własne potrzeby), edukacja, zawód, polityka, standard życia w sektorze publicznym. Uzyskane wyniki wskazują na znaczący pomiar nierówności.

Wyniki uzyskane w Ghanie również potwierdzają empirycznie pogląd, że nierówności nie poprawiły się w stosunku do rozważanych czynników. Zgodnie z powyższą analizą, podsumowanie obecnego stosunku do nierówności płci można przedstawić w następujący sposób.

To, co prowadzi do powstania koncepcji nierówności płci, nie jest czynnikiem, ale wpływ czynników opisowych i czynników osiągniętych razem. Różnice między płciami w umysłach ludzi mają istotny wpływ na ich zrozumienie statusu społecznego mężczyzn i kobiet. Mężczyźni są bardziej skłonni myśleć, że ich status jest wyższy niż status kobiet, co jest bardzo powszechne w wielu krajach i jest szczególnie widoczne w Ghanie.

5.1 ZALECENIA

Zakończenie tych badań zostało uznane za zasadniczo odpowiadające celom i celom tego badania. Na podstawie wyników badań sformułowano następujące zalecenia.

Edukacja: Musi to być pierwsze miejsce, od którego należy zacząć, włącznie z kształceniem zarówno młodych chłopców, jak i dziewcząt w szkole w zakresie różnych ról kobiet w społeczeństwie. Dla dziewcząt i chłopców edukacja, która koncentruje się na stawianiu czoła niskim oczekiwaniom kobiet, ma kluczowe znaczenie, a wsparcie dla szerszych możliwości dla dziewcząt i kobiet w pracy i biznesie ma zasadnicze znaczenie.

Rozwiązanie dla kobiet afrykańskich: Wiele z programów wspierających rozwój kobiet poza granicami zachodnich instytucji rządowych, organizacji pozarządowych i programów CSR musi być skoncentrowanych na rozwiązaniach uwzględniających specyfikę kultury i tradycji na kontynencie. Wymaga to więcej niż jednego uniwersalnego podejścia i potrzebuje jednego napędzanego przez odnoszące sukcesy afrykańskie kobiety biznesu i liderów, którzy mogą być i są wzorami do naśladowania dla młodego pokolenia. Na przykład, chociaż wspaniale jest mieć program CSR Goldman Sachs, to jednak konieczne jest większe skupienie się na rozwiązaniach, jakie proponują odnoszące sukcesy afrykańskie kobiety-przedsiębiorcy i liderzy, którzy nim kierują.

Szkolenie w zakresie umiejętności rozwoju osobistego i przywództwa kobiet: Potrzebujemy bardziej wyszkolonych coachów i mentorów Women Business/Leadership z Afryki i jej diaspory mieszkających i pracujących na kontynencie, aby stworzyć sieć ekspertyz i wsparcia dla kobiet w biznesie, umożliwiając tym samym kobietom rozwijanie strategii i zaufania do umiejętności przywódczych.

Krajowe, międzypaństwowe i międzynarodowe sieci wsparcia: Międzynarodowa platforma i afrykańskie fora kobiet są potrzebne, aby zaprezentować sukces i nawiązać kontakty podczas międzynarodowych wydarzeń, w tym dużych imprez sportowych, takich jak Mistrzostwa Świata w Piłce Nożnej, Igrzyska Olimpijskie oraz Międzynarodowe Targi i Misje Handlowe, które często nie są reprezentowane przez kobiety. Kluczowe znaczenie ma tu rozwój silnych sieci i forów wspierających prezentację wiedzy fachowej i międzynarodowej widoczności.

Szkolenie w zakresie równych szans: Priorytetem jest szkolenie dorosłych w zakresie agendy równych praw dla wszystkich. Musi to iść w parze z nabywaniem umiejętności, kwalifikacji i pewności siebie kobiet, przyczyniając się w ten sposób do ich sukcesu gospodarczego.
Rządy powinny przyjąć skuteczne programy, a nie tylko składać ustne deklaracje w celu wzmocnienia pozycji kobiet w rządzie i innych sektorach publicznych, ponieważ pomoże to wypełnić lukę w zakresie nierówności.

5.2 PROPONOWANA REZOLUCJA

Prace terenowe i doświadczenia badawcze przeprowadzone przez Urban Inclusion-West Africa Limited (2014 r.) wskazują, że następujące sugerowane rozwiązania pomogłyby wypełnić lukę nierówności w Afryce i Ghanie.

1) Centrum przedsiębiorczości kobiet: Rozwiązanie typu one stop dla kobiet w biznesie. Strona będzie zawierała jednostki inkubacyjne dla nowych przedsiębiorstw, powierzchnie biurowe i handlowe dla odnoszących sukcesy przedsiębiorstw kobiecych, wsparcie biznesowe na miejscu, w tym bankowość i finanse, dotowane usługi biznesowe, w tym księgowość i finanse, prawo handlowe/biznesowe, sprzedaż i marketing, hurtowe zakupy artykułów papierniczych lub innych elementów łańcucha dostaw,

2) Projekty przedsiębiorczości kobiet - powierzchnia biurowa zostanie udostępniona kobietom prowadzonym przez organizacje pozarządowe. Mogłoby to obejmować wsparcie szkoleniowe, a w przypadku prowadzenia działalności w ośrodku dla kobiet będzie się zachęcać do współpracy w celu ograniczenia powielania działań oraz monitorowania i oceny skutków.

3) Szkolenia wyłącznie dla kobiet i doradztwo biznesowe na rzecz wzrostu i rozwoju przedsiębiorstw, w szczególności szkolenia na wysokim poziomie dla kobiet prowadzących już dobrze prosperujące przedsiębiorstwo, które potrzebuje pomocy w rozwoju.

4) Szkolenie większej liczby trenerów i mentorów płci żeńskiej w celu wspierania kobiet-przedsiębiorców - Szkolenie trenera.

5) Stworzenie i rozwój forów kobiecych i sieci mediów społecznościowych w celu dzielenia się wiedzą, wsparciem i wiedzą fachową, jak również wydarzenie dla uczczenia osiągnięć kobiet w partnerstwie z istniejącymi wydarzeniami itp.

KWESTIONARIUSZ BADAWCZY

1. Jakie są główne zawody spotykane wśród kobiet w Ghanie?
2. Czy byłaby to różnica w stosunku do okupacji kobiet w twojej społeczności?

   Tak, tak. ☐ **Nie, nie.** ☐ **(Jeżeli tak)** Podać rodzaje:
3. Jakie są role kobiet w Ghanie?
4. Czy to byłoby inne od kobiet znalezionych w twojej społeczności?

   Tak, tak. ☐ **Nie,** ☐ **(jeżeli tak)** Podać rodzaje:
5. Czy kobiety w Ghanie są w jakikolwiek sposób pozbawione? **Tak, tak.** ☐ **Nie** ☐ **(jeżeli tak)** Państwo
6. Czy byłoby to inne niż to, które można znaleźć wśród kobiet w twojej społeczności?

   Tak, tak. ☐ **Nie, nie.** ☐ **(Jeżeli tak)** Państwo
7. Jakie są tradycje i przekonania, które są sprzeczne z dziewczynką?
8. Jak postrzegane są kobiety w Ghanie, jak i w twojej wspólnocie?
9. Jaki procent dałbyś na poziom wykształcenia kobiet w porównaniu z mężczyznami w Ghanie, jak również w Twojej społeczności?

   Kobiety %...................... ... Mężczyźni.....................
10. Jaki procent dałbyś kobietom w porównaniu z ich męskimi odpowiednikami w biurach, sektorze prywatnym i innych firmach w kraju?

    a. Parlament: Kobiety.............. Mężczyźni ....

    b. Bank Centralny: Kobiety.............. Mężczyźni ....

    c. Ministerstwo Finansów: Kobiety............. Mężczyźni ....

d. Kobiety biznesu na dużą skalę: Kobiety............ Mężczyźni ....

e. Biznes w średniej skali: Kobiety............ Mężczyźni.........

f. Mały biznes: Kobiety............ Mężczyźni ....

g. Marketing (kupno i sprzedaż): Kobiety %............ Mężczyźni ....

h. Rolnictwo (utrzymanie): Kobiety............ Mężczyźni.........

11. Jakieś ogólne uwagi na temat kwestii dotyczących kobiet w Ghanie?

REFERENCJA

ABANTU na rzecz rozwoju (2008). Manifest kobiet dla Ghany, Akry, Ghany: "The Women's manifesto for Ghana, Accra, Ghana". koalicję na rzecz manifestu kobiet w Ghanie.

Agoli, M. (2007). Ocena równości płci i wzrostu gospodarczego w Ghanie. Waszyngton DC: *Międzynarodowa Korporacja Finansowa oraz Ministerstwo Spraw Kobiet i Dzieci, Ghana.*

Ann. M., Black, B.S, Johnston, D., & Lyketsos, C. (1987). Złamanie sufitu klasowego, Nowy Jork: Addison-Wesley, str. 13.

Bortei-Doku, A. (2002): Za normami: Dostęp kobiet do ziemi w Ghanie, w: C. Toulmin/P, L. Deville/S. Traore (red.), The dynamics of resource tenure in West Africa, IIED.

Cathy, G., Otoo-Oyortey.N, Peagood.T. & Sally, B. (1994). Raport "Bridge Development-Gender Report". nr 19. Powrócił:29 listopada 2017 roku

Christine. D., (1977). Główny wróg: materialistyczna analiza opresji kobiet, Londyn: *Centrum Badań i Zasobów Kobiet Publikacje.*

Christine, D., (1984). *Blisko* domu: Materialistyczna analiza opresji kobiet, Londyn: Hutchinson (1984).

Edward, G. (1968). Plus może się zmienić? Struktura seksualna zawodów w czasie", "Struktura seksualna zawodów w czasie", "*Społeczna". Problemy,1*(16).

Instytut Studiów nad Bezpieczeństwem, http://www.issafrica.org/.Retrieved 28 listopada 2017 r.

Międzynarodowa Organizacja Pracy (MOP) (2009). Raport. Odzyskał 28 listopada 2017 r.

Jerry, J. (1989). Drzwi obrotowe: Segregacja seksualna i kariery kobiet. Stanford University Press.

John, F.E., Robert, E. & Wright.C.(1995). *Dyskryminacja ze względu na płeć na brytyjskim rynku pracy: A Reassessment,* the Economic Journal, 101(406).

Kathleen, R....& Hargens, L., (1975). "stanowiska zawodowe i klasyfikacja klasowa osób pozostających w związku małżeńskim working Women", "A Test of the Asymmetry", *The American Journal of Sociology, (4)*80

Kabeer, N., (2011). "Między afiliacją a autonomią: Ścieżki nawigacyjne dla kobiet. wzmocnienie pozycji i sprawiedliwość płci na obszarach wiejskich Bangladeszu.

Rozwój i zmiana,42 (2): 499-528

Kabeer, N., (2005). "Równość płci i równouprawnienie kobiet: Krytyczna analiza trzeciego milenijnego celu rozwoju. *Płeć i rozwój*, 13(1): 13-24.

Kotey, N.A., & Tsikata.D. (1998). Kobiety i prawa do ziemi w Ghanie, w: A. Kuenyehia (red.), Kobiety i prawo w Afryce Zachodniej, Legonie i Akrze: Centrum Studiów nad Prawami Człowieka, Wydział Praw Człowieka prawa i Uniwersytetu w Ghanie.

Mary, C.B. ,(1995). Kobiety i cud gospodarczy: płeć i praca w powojennej Japonii, University of California Press.

Manuh, T., (1988). Kobiety w związkach zawodowych w Ghanie i dostosowanie strukturalne". Program. Dokument przedstawiony na seminarium "The Africa Crisis and Women'sVision of a Way Out", Dakar.

Razavi, S. , (1990). "Ubóstwo płci i dobre samopoczucie: Wprowadzenie". *Rozwój i zmiany*, (30)409-433.

Sarris, A., & Shams, H. (1991). "Ghana w ramach dostosowania strukturalnego: Wpływ na rolnictwo i wiejskiego biedaka". IFAD Studies in Rural Poverty No. 2, New York, IFAD.

Sen, A., K. (1985). "Dobre samopoczucie, Agencja i wolność: The Dewey Lectures 1984' *the Journal of Filozofia*, 82(4), 169-221.

Simon, M.(2012).Nierówności przestrzenne i ubóstwo gospodarstw domowych w Ghanie. *Brooks Ubóstwo na świecie Dokument roboczy Instytutu.161,* s. 25.

Tsukada, R..& Silva, E. (2009). Wiek i uprzedzenia związane z płcią w obciążeniu pracą w trakcie cyklu życia: Dowody z Ghany, Brasilia: *Centrum Polityki Międzynarodowej na rzecz wzrostu sprzyjającego włączeniu społecznemu.*

UIWAL (2014) Urban Inclusion-West Africa Limited. Kobiety Przedsiębiorczość i przedsiębiorczość Przywództwo dla Afryki w Ghanie. Znalezienie pracy w terenie dla kobiet-przedsiębiorców, przywództwo i treningu umiejętności dla kobiet w Afryce Zachodniej.

ONZ (marzec 2015 r.). Raport o rozwoju społecznym. Program Narodów Zjednoczonych na rzecz rozwoju kobiet. Odzyskał: 28 listopada 2017 roku.

UNESCO (marzec 2015 r.). Organizacja Narodów Zjednoczonych ds. Edukacji, Nauki i Kultury. Odzyskał: 28 listopada 2017 roku.

Yin, R..K. (2009). Studium przypadku - projekty badawcze i metody, Los Angeles, Londyn i Waszyngton DC: *Sage Publications Inc*.

Bank Światowy (2004). Prowadzenie działalności gospodarczej w 2005 roku: Usuwanie przeszkód w rozwoju, Waszyngton DC: Bank Światowy/FC.

FSC
www.fsc.org
MIX
Papier | Fördert gute Waldnutzung
FSC® C083411

Kolibri 360 GmbH
Ferdinand-Jühlke-Straße 7
99095 Erfurt, Deutschland
produktsicherheit@kolibri360.de

Druck:
CPI Druckdienstleistungen GmbH
im Auftrag der
Kolibri 360 GmbH
Ferdinand-Jühlke-Str. 7
99095 Erfurt